L'HOROSCOPE

DE

L'EUROPE

OU

Pronostication des Principales Revolutions, où elle doit s'attendre pendant ce siecle, dans tous ses Etats & principaux endroits de sa Domination.

Le tout deduit par Allegories.

PREMIER TRAITTÉ.

***
* *
*

Achevé d'Imprimer pour la premiere fois le 2. Septembre.

M. D. C. C. I V.

LE LIBRAIRE
AU
LECTEUR.

J'ai reçû cette piece la veille de May, d'une main inconnue avec une lettre par laquelle l'Auteur me prioit de vouloir la mettre sous la presse incessament. Mais l'ayant parcourue legerement & n'y comprenant rien d'abord : d'ailleurs n'y voyant point d'utilité ni de profit, j'ay differé de le faire malgré une seconde lettre que j'ay reçû six semaines aprés, dans la pensée que l'Autheur se declareroit. Ce qui est arrivé peu aprés les trois mois que l'Autheur m'a instruit pleinement de son sujet, & m'en a developpé les principaux mysteres. Je l'ay trouvé fort curieux & extraordinaire, & d'un fondement tout-à fait plausible. C'est pourquoi j'ay travaillé d'abord pour en faire participant au public, ne doutant pas qu'il m'en sçauroit gré ; mais comme pendant ce tems, quelques jours se sont écoulez à des affaires, & que d'ailleurs j'avois sous la presse un Ouvrage pour lequel l'on me pressoit, est venuë la nouvelle de la fameuse action arrivée en Baviere. Ce que l'Auteur redoutoit particu-
culie-

culierement & pourquoi il me prefloit fur
tout. J'ay été fâché, au ffi-bien que luy,
que l'ouvrage n'a pû paroître devant ce
tems, puifque cela luy auroit donné d'a-
bord beaucoup du credit, particulierement
étant prédit dans un tems où les affaires
paroifloient devoir prendre un tour tout
oppofé & que cependant l'Autheur le pre-
difoit clairement, ainfi que la nouvelle
Election en Pologne, arrivée peu aupa-
ravant Ces prédictions font conçûes en
ces termes.

*Un Prince hardi approché enfin trop prés
de la* Ligne, *on le verra bien-tôt au midi de
fa gloire & de fon bonheur. Il trouvera
qu'il y fait trop chaud pour luy, & fe
verra contraint de reculer tout étonné des
furieux éclats de* foudres & *de tonnerre de
ce climat.*

L'autre. *Une nouvelle Election caufera
de nouveaux troubles.*

Ces deux Evenemens étant de deux côtez
comme des premiers mobiles aux changemens des affaires dont l'Autheur, dans
fon fecond Traitté, nous reprefente la
premiere Face, à laquelle ils donnoient un
grand poids. Celà l'a d'autant plus fâché
de mon retardement. Cependant j'ay trouvé à propos de ne pas ômettre ces deux
Articles & de ne rien innover à l'ouvrage,
mais de vous le prefenter tel que je l'ay
reçû, en attendant que je puiffe vous donner la fuite que l'Auteur nous promet dans
peu.   AVER-

AVERTISSEMENT.

Quelques Reflexions que j'ay fait affez particulieres, m'ayant fait naître la penfée de faire cét Horofcope, j'ay hefité, à la Verité, fi je devois la mettre en execution. La difficulté de réüffir fur un fujet fi incertain, m'épouventoit d'abord. Sententier fur un fujet fi vague & vouloir faire paffer fes fentimens comme pour autant d'Oracles, celà me parût un peu hardi, & il me fembloit temeraire d'en participer le public, puifque c'étoit m'expofer trop évidamment à fa Critique. Mais malgré ces confiderations, me trouvant tous les jours plus fondé dans mes penfées, plus j'y ruminois, & plus je me laiffois entrainer infenfiblement à cét amufement : d'ailleurs un Ami fort judicieux; à qui j'en communiquois une partie, en ayant jugé fort favorablement, & le croyant d'un fondement tout à fait plaufible; je me fuis enfin determiné à leur faire voir le jour, dans la penfée, que fi je m'expofois à vôtre Critique & que vous me jugiez un Vifionnaire, au moins, comme Annonime, je le ferai incognito comme plufieurs autres.

Cependant, fi vous jugez d'abord par le titre, je prévois bien, & mieux peut-être

que

ADVERTISSEMENT.

que tout ce que je vais prédire, que je vais
passér pour tel dans vôtre esprit, & que
vous allez me croire quelque songe creux de
faiseur d'Almanachs qui veut se guider par le
secours des Astres. Mais je veux bien vous
dire que je ne suis pas Astrologue, & que
je n'etudiois jamais aux plats-nettes, qu'aux
bons repas. Ainsi, vous pouvez être per-
suadé que ce n'est pas par ce secours que je
pretens vous en imposer ou vous en faire à
croire.

Ce n'est pas non plus par une exposition
à ma mode de quelques Propheties, comme
vous pourriez aisement vous l'imaginer, &
dont peut-être j'aurois pû tirer quelques lumieres propres à mon desssein. Il suffit de
vous dire, que je ne me suis pas arrêté à
cela.

Je m'étois proposé d'abord de vous donner des Pronostications beaucoup plus éten-
duës, sçavoir jusqu'à la fin du monde, &
sur toute la terre, quoique principalement
touchant l'Europe, mais le temps trop court
& le sujet trop ample ne le permettant pas,
sur tout à une jeune plume encore novice
dans Republique de lettres, je dûs me con-
tenter de vous presenter seulement cecy en
attendant, de peur que si je voulois me
mêler de predire, je ne serois venu, comme
l'on dit deux heures aprés la Bataille; &
qu'ainsi partie de mes predictions ne seroient
tombées en defaillance, & n'auroit été de-
clarée nulle par Arrêt anthentique.

C'est

AVERTISSEMENT.

C'est pourquoi, j'ay dû me preſſer, ce qui m'a embarraſſé plus que je n'avois crû, à cauſe qu'il falloit s'y prendre avec beaucoup de circonſpection, de peur de s'émanciper trop ; & que la moindre choſe donnoit un autre tour ou ſens aux figures dont je me ſers, & quelquefois tout oppoſe à celui que je voulois y donner.

Le Titre que j'ay pris d'Horoſcope marque aſſez l'état que vous en devez faire : c'eſt-à-dire, que je ne pretens pas faire paſſer cecy pour Propheties. Je ne ſuis pas aſſez vain pour prendre un ſi haut titre. Simplement je vous repreſente mon ſentiment ſur l'écoulement du ſiecle, qui n'eſt qu'un pur raiſonnement.

Que s'il s'y trouve des redites que je n'ay pû éviter entierrement ; comme c'eſt ſous differentes figures ; & de plus variez de quelques incidens, j'eſpere que vous leur pardonnerez aiſement.

Pour ce qui eſt des figures Allegoriques dont je me ſers, je ne crois pas qu'il faille vous prevenir là-deſſus. Vous ſçavez aſſez, ſans doute, ce que veut dire ſelon le termes ordinaires des predictions, le Lion, le Coq, l'Aigle, le Leopard, le Lion Belgique, &c. ainſi des autres à l'advenant les Armes, qualitez, noms propres, on leur étimologies. Les plus obſcur eſt expliqué à la marge, ſur tout la premiere fois, & les doubles ententes que l'on pourroit paſſer ſans y réflechir marquées d'un autre caractere.

Vous

A 4

AVERTISSEMENT.

Vous sçavez aussi que l'Europe étant communement comparée à une femme, l'Espagne en fait la tête, la France le cœur ou la poitrine, l'Italie un bras, l'Allemagne le ventre, & par consequent le Païs-bas le bas ventre, ou comme vous l'entendez, &c. On pourroit dire aussi les Reins. Les Païs du Nord les Juppes & les pieds. L'autre bras est en dispute, si ce sera la Grece ou la Chersonnese Cimbrique, selon les sentimens ou visées des Autheurs, & les differentes explications qu'ils en donnent. Ainsi, il ne vous faut pas d'explication ulterieure.

Au reste je vous prie, si vos visées sur cecy ne s'accordent pas avec les miennes ; de ne pas, pour cela, me traitter aussi tôt de faux Prophete, mais de suspendre vôtre jugement, au moins aussi long-tems que vous ne pourrez pas me convaincre positivement.

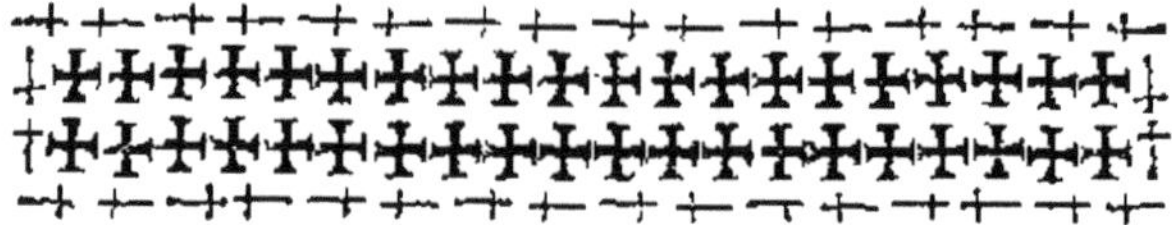

L'HOROSCOPE

DE

L'EUROPE,

PREMIER TRAITTE'.

Par rapport à l'Aſtrologie judiciaire.

PEndant que je roulois dans mon eſprit la penſée de faire cet Horoſcope, un jour qui me parût fort ſerain, c'eſt à-dire, que les nuages des difficultez qui s'étoient oppoſez à mon deſſein, me paroiſſoient entierement diſſipez : je me retirois dans mon obſervatoire, je veux dire ma chambre, pour voir ſi pour faciliter ce deſſein & regler mes Predictions, je ne pouvois pas faire quelques nouvelles decouvertes dans l'avenir par l'obſervation des Aſtres.

Vous jugez bien que ce que j'en dis c'eſt par allegorie, puiſque je vous ay déjà prevenu que je ne ſuis pas Aſtrologue. C'eſt

A. 5

des

des Etats & Princes Souverains que je
veux parler , qui comme autant d'Aftres
brillans dans cette baffe Sphere , dont les
Etats font comme des Etoiles fixes , par
l'éclat de leur grandeur & de leur puiffance,
arrêtent particulierement nôtre attention.

Mais fur tout ceux de l'Hemifphere d'Europe , dont la France fe dit le Soleil (*a*)
& que nous pouvons decouvrir & obferver
plus aifement comme nous étant plus prés &
infiniment plus brillans que les autres. Tellement que l'on peut dire avec raifon qu'ils
rependent la lumiere (*b*) par tout , &
font fentir leurs influences à tout le refte
de la terre.

Or donc étant fort attentif à obferver
exactement l'afpect , les cours , l'affendent
& les influences heureufes & malignes de
ces Aftres , c'eft-à-dire , l'état prefent ,
l'hiftoire , les interêts & les intrigues des
Etats & Princes de l'Europe , il me fembloit que je vis clairement tous les boulever-
femens des Etats & principaux changemens
qui

(*a*) L'Efpagne s'en ventoit pendant le pe-
nu Iviéme fiecle , & non auffi fans raifon pou-
voit-on dire le Soleil au figne du Lion puifque par tout prefque il avoit le deffus , &
qu'il brilloit lors particulierem ent. Philippe
Second difoit qu'il avoit le Soleil pour fon
cafque puifque jamais il ne quittoit fes terres.

(*b*) Par les Colonies & l'extention de l'E-
vangile. Par les fciences & les Arts.

qui doivent y arriver dans peu & même
bien avant dans l'avenir.

D'abord ce qui me donnoit le plus en
vûe , ce fût l'alteration extraordinaire cau-
fée par le changement *de* (*a*) *Seigneur
de la grande Orbe* , dont déjà nous avons
commencé à fentir les effets , & dont on
s'appercevra enfin par toute la Sphere, étant
fuivie d'une conjonction extraordinaire des
Planettes fuperieures.

Pendant le regime de cette intel'igence ,
qui dominera plus puiffamment que la precedente & faira fentir ces influences plus
vivement , l'Europe eft menacée des malheurs infinis & des defolations des plus
terribles.

Aprés un peu du tems à *Jupiter* (*b*)
Hefper ou *Venus* plufieurs années de fuite
fera la Planette dominante , *le Soleil* l'af-
fiftant dans cette dignité pendant lequel
tems il y aura une lueur extraordinaire aux
fignes du *Lion* & de *la Vierge* & des fai-
fons à la verité au commencement un peu
rudes , mais enfin tout à-fait charmantes.

Au contraire aux pais fcituez fous la
Ligne comme en quelques parties fous le

A 6

signe

(a) Le Roy d'Efpagne pour l'étendüe de
fa Domination par le Globe , & comme
Seigneur du Nouveau Monde, & premier &
principal mobile à la Balance des Puiffances
de l'Europe.

(b) L'Efpagne pour fon nom. Porteur de
lumiere de l'Evangelie.

signe (*a*) du *Lion*, il y aura une intemperie si grande, des orages si terribles, & le *Soleil* dardera ses rayons si à plomb qu'il y mettra presque tout à sec.

Une éclipse du Soleil qui paroîtra dans peu sur nôtre Horison, apportera du trouble aux *Adorateurs de cet Astre*.

Mais je le vis bien-tôt qu'il reprit ses forces & sa vigueur, & ayant changé de *face* pour la seconde fois, c'est à-dire, aprés une autre Eclipse, il paroîtra d'une beauté singuliere. Tous les *Nuages* paroîtront dissipez.

Chaleur picquante à l'excez. L'Allemagne, le Païs bas, les Iles Britanniques, la Portugal, l'Italie, la Grece, la Barbarie & les Indes s'en ressentiront particulierement.

En même tems je vis l'Etoille de *l'Aigle* agitée extremement & paroissant presque entierement obscurcie.

Et je vis *Jupiter* significateur ordinaire des Serenitez debilité & retrogradé de plusieurs degrez, marque certaine d'un tems trouble & orageux qui sera fatal aux *Serenitez* d'Allemagne & d'Italie.

M'étant tourné vers la *Lune*, aprés avoir bien calculé le *cours* & les *Conjonctions*, j'y remarquois plusieurs *éclipses* qui paroîtront dans peu & dans une suite assez prochaine, premierement vers l'Occident, aprés vers l'Orient.

Ceux

[*a*] Aux Armes des Lions.

Ceux qui s'en apeíçevront les premiers
vers ce quartier, feront les Caldéens & leurs
voifins , peuples de tout tems habiles en
Aftrologie , fur tout ceux d'aux environs
de Babilone.

D'abord on entendra un grand *bruit* ,
(*a*) ainfi que font accoutumé de faire les
peuples de l'Orient à chaque éclipfe &
nouvelle Lune , pour affifter , difent-ils,
la nouvelle Lune dans fon travail ; ce qui
fe redoublera à mefure que les *éclipfes* feront dans leur forces , & fe repandra enfin par toute l'étendue de l'Empire Turc-
que & fes environs avec un horrible va-
carme.

Alors une Lueur toute extraordinaire
parût au *Dauphin* , pronoftique d'une grande naiffance. Un Prince naîtra au centre
de l'Efpagne , le plus grand de naiffance
que l'on vit jamais.

De là obfervant *Saturne* je le vis entouré
d'un éclat fans pareil, tellement que jamais
on ne le vit fi brillant. Bon figne pour la
Religion qui s'étendra de tous côtez (*b*)
Venus & le *Soleil* étant en trin afpect avec
luy en foûtiendront la vigueur.

Et je vis en même tems la (*c*) *conftellation du Dragon* tout à fait languiffante.

Retourné vers la *Lune* , aprés avoir de-
couvert toutes les tâches de cet Aftre, j'y
re-

[*a*] De guerre.
[*b*] Ou Hefper en Efpagne.
[*c*] De l'Herefie & de l'Idolatrie,

(14)

remarquois particulierement une. Ne vous imaginez pas que c'est de celle, que les Mahometans croyent avoir été faite par l'aîle de l'Ange Gabriel, que je veux parler. C'est d'une autre, que dans peu ils verront bien plus clairement, quoiqu'il leur en paroit à present peu d'apparence, & qui fera causée aussi par les *Aîles* [*a*] d'un *Gabriel*, [*b*] c'est à dire Envoyé de Dieu pour cela. Et l'on verra dans ce tems là deux *Croiffans*, [*c*] l'un veritablement croiffant, l'autre diminuant à vûë d'œil.

En même tems on verra une *éclipfe de Lune*, la p us terrible & la plus entiere que l'on aura jamais vûë. Tout l'Orient en paroitra obfcurci ; & l'on ne contera pas trois fois dix que cela n'arrive. Ce qui caufera une grande terreur à differentes Nations, & fera fuivi immediatement d'un grandiffime changement en Europe & en Afie.

Alors je vis *Jupiter* qui parût à l'Orient, d'un éclat tout à fait extraordinaire. Grande ferenité dans la Chrêtienneté. Jamais on ne vit plus belle faifon ; mais elle fera de peu de durée.

En je vis en même tems un éclat encore plus furpremant vers la *Couronne* de même que la *Conftellation du Vaiffeau*, d'où je vis fortir beaucoup de lumiere, comme autant

[*a*] d'Armées. [*b*] Selon l'interpretation. [*c*] Jofeph creffens.

tant d'étoiles brillantes. Grandes entreprises sur Mer , avantageuses à deux grandes
Couronnes , fatales aux Pirates.

Un Prince sorti sous cette Constellation
à la possession d'une grande Monarchie ,
ayant poussé ses conquêtes par toute la terre , tellement que jamais on n'aura vû
Domination plus étendue. Son fils n'aura
pas le même bonheur dans ses entreprises ,
car *embarqué* trop loin , *trop éloigné des
terres* , accueilli qu'il sera d'une *tempête*
furieuse , qui dissipera ses forces par tout ,
il patira beaucoup & faira enfin un *naufrage*
irreparable. Jamais n'aura t on vû plus grande perte.

Et je vis *Jupiter* ainsi que l'étoile de
l'Aigle qui avoient parû si debilité , re-
prendre peu à peu ses forces , & enfin entierement sa clarté parmi de grands orages
de *foudre & de tonnere* , qui menaçoit sur
tout le Royaume de *Neustrie*. Tout l'Occident en parût en feu.

Cependant le grand *éclat de Lumiere*
que j'avois remarqué sur tout à trois étoiles fixes du premier ordre , l'une du côté
Oriental de l'Asie, l'autre du côté Oriental Meridional de l'Afrique , & la troi-
siéme au Nort Oriental de l'Europe , &
qui leur donnoit un lustre *extraordinaire*
par reflexion de *Saturne* ne sera pas de durée ; mais avec beaucoup de vicissitude &
seulement comme un éclair. Et j'y vis suc-
ceder beaucoup du trouble. Persecutions
terribles contre les Fidelles.   On

On vera lors des orages partout. Il s'é-
levera des gros & épais *Nuages* en France
& en Espagne , qui affoibli. ont & obscur-
ciront extremement le *Soleil* & son *Precur-
seur*. Et il y paroitra des nouvelles *étoiles
fixes*.

Un *tourbillon* qui fit quelque tems un
bruit sourd , mais violent; s'élevera lors peu
à peu foit noir vers l'Orient de la France,
à la faveur des *Nuages* opposez au *Soleil*.
Ce qui obscurcira beaucoup cet Astre qui
souffrira une terrible *éclipse* , & ce qui y
faira voir une tâche foit considerable vers
le côté Oriental.

Et l'on verra lors rétabli en Espagne une
grande Puissance vers l'Occident.

De là me tournant d'un autre côté , je
remarquois une grande lueur à la *Harpe* ou
lire d'Appollon , bon augure pour la Irlan-
de , qui faira du bruit même avec assez
d'harmonie.

Aprés quoi je vis une grande alteration
vers la *Couronne* , ce qui causera beaucoup
d'allarmes , & faira craindre un grand
Etat qui sera menacé de sa ruine.

Pendant tout ce temps , qui sera de plusieurs lustres , *Jupiter* sera la planette dominante , paroissant d'une lueur non pa-
reille. Constellation fatale aux pais scituez
sous le *signe de la Vierge*

Mais une certaine constellation que j'a-
perçûs entre *Saturne* & *Jupiter* , ne pre-
sage rien de bon pour la Religion. Je vis

des

des agitations extremement violentes &
prefque continuelles entre *ces deux Aftres*,
qui ôteront beaucoup de leur éclat, & pro-
duiront des changemens étranges.

Des Princes d'une maifon puiflante &
renommée, tant par la devotion ordinaire
à cette maifon, que par les hauts faits
d'armes, cauferont des grands troubles
dans l'Eglife, & perdront enfin en la per-
fecutant le plus grand éclat de leur gloire.

Aprés quoi je vis la *conftellation du
Vaiffeau* être extremement agitée, marque
de grands *naufrages*. La France en patira
beaucoup, ainfi que l'Efpagne, & prefque
tous les Etats aujourd'huy les plus florif-
fans, dont on verra alors [*a*] les Capi-
tales prefque toutes frontieres.

Une petite *étoile* mais fort lumineufe,
que l'on a vû depuis peu à l'oppofite du
Soleil, puis avec beaucoup d'éclat fe ran-
ger de fon côté à l'oppofite de *Jupiter*,
paroiffant lors particulierement au deffus
de toutes celles qui l'entourent, je lui vis
enfin une queuë d'une terrible grandeur,
qui fembloit menacer plufieurs Etats de
leur ruine, & couvrir prefque toute la
Gaule, fur tout la cheveluë, l'Angleterre
& les Provinces-Unies avec la plus grande
partie de l'Allemagne.

Cependant je vis les *Nuages* fe conden-
fer toûjours & caufer enfin une grande
obfcurité. Le *Dragon* reprit fon affendant

&

[*a*] Vers la fin du fiecle.

I

& fes forces, faifant fentir de plus en plus fes influences malignes, ce qui fera fuivi des orages les plus terribles, & l'on verra plufieurs *Meteores* ou *fauffes lumieres*.

Enfin m'étant tourné & rétourné, & ayant promené ma vûë de tous côtez, fur tout dans l'Hemifphere de l'Europe, j'y remarquois particulierement une quinzaine de nouvelles *étoiles fixes*, qui vont paroître clairement pendant ce fiecle, & fur tout vers la fin.

La premiere ou la plus confiderable eft celle qui paroîtra fur l'Horifon de Conftantinople. Puis celle que l'on verra bientôt fur celui de Bruxelles, qui eft la même à la quelle je vis cette grande queuë. Lefquelles deux avec une troifiéme qui paroîtra fur l'horifon de la Nort-Allemagne & tirant vers l'Ecoffe, fe trouvans dans une même élevarion, formeront comme un triangle.

Les autres qui ne feront pas fi confiderables, paroîtront particulierement vers ces endroits.

Une fur l'Horifon de Candie, une fur celui de Palerme en Sicile. Que je doute fi elles feront de durée. Une fur l'Horifon de Saragoffe ou aux environs. Une fur celui de Grenade. Une fur celui de Seville ou aux environs. Une fur celui de Marfeille & aux environs. Une fur celui de Dublin. Une vers celui de Bergue en Norwegue. Une vers Calmar en Gottie.

Une

Une autre vers la Finlande & la Livonie.
Une fur la Lithuanie, & enfin une fur la
Ruffie-blanche.

Et j'en vis encore une paroiffant d'une
nouvelle vigueur fur l'Horifon de la Cri-
mée, laquelle avant une grande queûë,
fera des plus terribles, menaçant des gran-
diffimes malheurs.

De là, je vis particulierement deux
grandes *étoiles fixes*, entre autres moindres
à l'autre Hemifphere. Une fur l'Horifon
de Mexico, l'autre vers l Horifon de Lima
au Perou.

Au contraire, je remarquois dans l'Hemifphere de l'Europe plufieurs petites *étoiles fixes* fur l'Horifon d'Italie & d'Allemagne qui ne paroîtront plus du tout, &
plufieurs dans peu.

Et voilà tous les principaux changemens
que j'ay pû remarquer aux *Aftres* qui fe
fairont pendant ce fiecle à peu prés dans
cette fuite avec les principales confequen-
ces que j'en ay pû tirer.

* * *
* *
*

L'HO-

L'HOROSCOPE

DE

L'EUROPE.

SECOND TRAITTÉ.

Par rapport à la Chiromancie ou l'observation de la Phisionomie.

---

*Premiere Face generale des affaires, par
raport à chaque Etat en question, &
comme se rencontrant presque dans le
même tems.*

TOut ce que j'ay pû recueiller par
l'observation precedente, & attri-
buä aux *Astres*, ne me contentant
pas entierement, & donnant une
idée trop vague, j'ay crû que, comme les
faiseurs d'Horoscope s'y prennent d'ordinaire par l'observation dans la main &
de la phisionomie, il falloit me servir du
même

même titre ou moyen : c'est-à-dire, qu'il falloit observer l'Europe encore de plus prés , en marquant plus distinctement sa *mine* & sa *contenance*, afin d'en tirer des conséquences plus amples & plus specifiées.

Dans ce dessein , ne sçachant d'abord comment m'y prendre , je me retirois , tout rêveur , au lieu où depuis quelque tems je me suis plû à m'entretenir dans ma reverie, situé dans un endroit des plus agreables des Païs bas.

Vous sçavez que dans ce païs, l'Europe presque de tout tems , se plait à exercer particulierement ses forces & son courage.

Un jour que j'y étois fort attentif, tout occupé de mes pensées, je ne sçai si je revois , mais il me sembloit que je vis l'Europe fort distinctement & fort à mon aise, sans sortir du lieu où j'étois.

Elle me parût en Amasone les armes à la main , ayant le Plumet & la Cocarde sur le chapeau, qu'elle portoit au lieu de Casque : ce qui me parût relever beaucoup cet air Martial & libre que l'on peut lire dans ses *yeux*

Aprés avoir observé quelque tems , avec plaisir, sa *mine* & sa *contenance*, ne pouvant m'en rassasier, je *m'avançois* insensiblement pour l'observer de plus prés ; comme tout-à-coup il me sembloit qu'elle m'aperçût & m'adressant la parole : he bien ! dit-elle, mon ami , que veux-tu ? Dis tu la bonne avanture ? Veux-tu gaigner la piece ?

A

A ces mots tout faifi & frappé d'étonnement, de ce qu'elle penetroit fi bien dans
ma penfée , je reftois quelque tems comme
tout étourdi & immobile. Mais confide-
rant que les Genies font des efprits vifs &
penetrans , je revins peu à peu de mon
étourdiffement, & me raffûrant enfin , je
lui repondis, mais d'une voix peu affûrée
& dans un grand refpect.

Madame , lui dis-je, je fuis un de vos
trés humbles & trés-affectionnez Sujets ,
qui charmé de vos divines beautez & de
toutes ces hautes qualitez qui vous diftin-
guent fi particulierement du refte du monde,
lequel ne fçauroit les admirer & les exalter
affez, me fuis fait un plaifir de les obferver
& de les admirer à mon tour ; non par
autre motif que par cette curiofité fi natu-
relle aux hommes qui m'a fait faire des
reflexions affez particulieres touchant vôtre
bonne avanture.

Comme l'Europe eft la plus polie & la
plus civilifée de toutes fes Sœurs , auffi ,
puis je dire, qu'elle reçût mon compliment
de la meilleure grace du monde. Aprés
quoy m'ayant regardée d'une mine riante,
he bien ! dit-elle, voyons ce que vous
fçavez. Voyons fi vous ferez bon Prophete.
Dites-moy franchement & fans crainte
tout ce que vous avez pû lire dans ma
phifionomie. Parlez, je vous le permets.

Là-deffus, hefitant un peu, aprés m'en
avoir defendu quelque tems par refpect ,

dans

dans la crainte d'avancer quelque chofe
qui pût lui déplaire , je m'y determinois
enfin , la voyant fi bien difpofée à m'en-
tendre : & je vis qu'elle me tendit *la
main.*

A peine eûs-je remarqué quelques *traits*
dans cette belle [*a*] *main* que je m'aperçûs
qu'elle étoit toute *galleufe* , tellement que
je vis que cela lui demangeoit prefque par
tout le corps.

Je vous laiffe à penfer , fi mon étonnement étoit grand à la vûë d'une chofe fi
peu ordinaire , à une Nymphe d'un rang
fi diftingué. Mais je revins de mon étonnement, me refouvenant d'avoir oüi dire,
qu'autre-fois encore elle avoit été fort
galleufe : fi bien que c'eft un mal inveteré,
qui la tourmente & la chatouille de tems
en tems ; caufé par un fang trop échauffé
petilleux & bouillant.

Je ne fis donc pas femblant de le voir,
& aprés avoir remarqué un peu les *traits*,
[*b*] je commençois par luy deployer tout
l'état de fon *cœur*, & à lui en developper
toutes les intrigues & les ménées fecrettes.
Je l'entretins quelque tems de l'Heros qui
y regne. De toutes fes belles & éminentes
qualitez, par lefquelles il fe fait diftinguer
par-deffus tous les autres Princes de la
terre.

[*a*] Si l'Italie fait le bras de l'Europe ,
en tant que comparée à une femme, le
Païs de Napels en doit faire la main.

[*b*] D'Hiftoire.

terre. Je lui en dis mille chofes qui ne lu
déplûrent pas.

Mais pour la mettre d'humeur entiere
ment, je l'entretins un peu fur toutes fe
petites galanteries & ferdennes paſſées
m'étendant beaucoup fur toutes fes *conquêtes* tant paſſées qu'à venir. A quoi je vi
que, comme ordinairement toutes le
femmes, elle prit un plaifir fingulier, me
faifant réiterer plufieurs chofes, & me
faifant mille queftions là deflus : & je pris
plaifir de la fatisfaire.

Je lui fis donc connoître, comme aprés
un peu de traverfes, elle étoit fur le point
de faire des *conquêtes* tout à fait felon le
defir de fon *cœur*, qui fe rependroit entierement dans la joye, mais que ce feroit
une joye de peu de durée. Qu'elle fera
bien tôt aprés en trouble & en allarme,
& fon *cœur* tout faifi de crainte : ce qui
lui faira fentir des terribles *combats inte-
rieurs*, qui dans la fuite lui cauferont plufieurs *incommoditez* & *groffes maladies*.
Enfin que fon *cœur* fera percé de douleur.

A ces mots, qui m'échapperent, je me
tûs tout court : crainte de n'en avoir dit
déjà que trop. Mais au contraire, fa curiofité tendant plus loin, elle temoigna
même de l'empreffement pour en fçavoir
d'avantage & d'une maniere plus fpecifiée,
fur tout touchant les revolutions de fes
Etats.

Je lui dis, que je n'avois guerre de
bonnes

bonnes nouvelles à lui apprendre ; mais
puifqu'elle le fouhaitoit, que j'étois prêt
à la fatisfaire.

Or donc, je commençois d'abord à lui
dire tout ce pourquoi elle me fembloit té-
moigner le plus de curiofité, & principalement, je lui fis connoître tout ce qui lui
arrivera pendant ce fiecle, de plus extraordinaire & remarquable dans tous les païs
de fa Domination, touchant les Epôques
& principales Revolutions, jufques dans
le commencement du fiecle à venir, à peu
prés dans la fuite comme j'ay pû l'obferver,
& de la maniere qui s'enfuit.

La querelle des Princes Chrêtiens faifant maintenant l'attention de tout le
monde, vous n'êtes pas la feule qui vou-
driez en fçavoir l'iffuë.

Comme l'on fçait que c'eft la caufe prin-
cipale de vos chagrins & de vôtre *Maladie*, tous ceux qui prennent part à vôtre
fanté, voudroient voir la fin de ce trouble.

Mais fi jamais querelle a été ou fera
opiniatrée & fanglante : fi jamais la Balance des deux principales maifons de la
Chrêtienneté, qui s'attirent particulierement le regard de tout le monde, a été
& fera agitée avec violence, ce fera cette
fois.

Comme d'ordinaire un grand calme nous
avertit d'un grand orage : ainfi la Paix,
ce calme heureux, que nous donna la

fin du ſiecle, ſi extraordinaire, que ſi nous parcourons l'hiſtoire depuis la naiſſance de Dieu, nous n'en trouverons pas de plus univerſelle. Cette Paix, dis-je, ou ce calme ne fût que le preſage de l'orage preſent, d'autant plus redoutable que ce calme a été plus univerſel & extraordinaire.

Auſſi en ſera-t-il comme d'une mer en furie, dont les flots emportez impetueuſement, çà & là, par violence des vents, fairont enfin un tel eſfort, pouſſez par un *vent violent du midi*, que ſe faiſant paſſage, perſant & franchiſſant les *digues*, *creuſant la terre*, *abbattans les murailles* comme un torrent violent, ils inonderont par tout les campagnes avec d'autant plus de ravage, qu'ils trouveront de la reſiſtence: & il y aura tant des pertes, tant de monde emporté, tant de *maiſons abattuès*, tant de *gands battimens* par terre, que depuis le deluge univerſel, jamais n'aura-t-on vû [a] inondation plus étenduè.

La querelle d'entre un fils de *Jupiter* & du *Soleil* pour une autre belle *Nymphe* étant la cauſe premiere de ce deſordre ; pluſieurs ſont dans l'impatience de voir ſi le fils du *Soleil* aura le même ſort que dans la fable ; & ſi le *Char de cét Aſtre* tiendra long-tems la route commencée ſans être culbuté.

Jugez par ce que je vais vous dire, s'ils ſeront trompez dans leur attente.   De-

[a] Des Peuples ſelon le ſens myſtique de l'Ecriture ſignifiez par les eaux.

Depuis la perte qu'a fait la Maiſon d'Auſtriche du beau *Château par excellence*, l'Empereur faiſant mille Châteaux en air, & mettant tout en œuvre pour tâcher de la reparer, pouſſera bien loin ſa pointe.

Ses Alliez, voyant qu'il y va de leur inteiêt de mettre de nouveau un *bâton* dans la rouë pour croiſer avec *l'autre*, & arrêter tant mieux le cours impetueux du *Char François :* fairont enfin leurs derniers efforts pour y réuſſir & pour le maintenir.

Mais voulant faire trop d'efforts ils s'en trouveront bien mal dans la ſuite.

L'interruption fâcheuſe du *Jubilé de Milan*, que crût celebrer l'Empereur, pour commencer par le bon endroit, n'eſt pas d'un bon augure pour ce parti.

Depuis que l'on a pris à l'Empereur ſon [a] *Oreillier*, n'étant pas à ſon aiſe, & le chant du *Coq* au voiſinage, l'éveillant à tout moment, travaillé d'une inſomnie fâcheuſe, il a tout lieu d'y ruminer.

Les ennemis déjà maîtres de la *contrée*, & s'approchans de toute part, lui cauſent bien d'arrieres penſées.

Mais picqué juſqu'au vif de cet affront, malgré la conſideration de ce mauvais augure & les malheurs déjà ſuivis : malgré les grandes difficultez qui s'oppoſent à ſes deſſeins, s'opiniatrant toûjours dans ſon entrepriſe, il ne laiſſera pas que de pour-

B 2

ſuivre

[a] L'Oreillier de l'Empire.

fuivre jufqu'à la fin la Xſade premeditée ,
& de pouſſer de tout ſon pouvoir à là
nouvelle conquête de la *Toiſon*.

Le Prince parti pour cette conquête ,
ne dementira point le ſang illuſtre dont il
eſt ſorti. Il faira bien-tôt merveille.

Les *principaux Argonautes* , conducteurs
de cette entrepriſe , le ſecondant parfai-
tement , ſe fairont autant admirer que
craindre.

Au bruit de ſes conquêtes , porté d'abord
par tout , pluſieurs étonnez ou charmez de
ce nouvel éclat , ſe declareront en faveur
de ce grand Prince. Ce qui faira d'abord
un grand bouleverſement , & faira craindre
pour deux grandes Monarchies.

Le Prince attaqué , tout étonné de ſes
progrez , ſe mettant en devoir de remedier
aux deſordres que cauſeront dans ſes Etats
ces nouveaux Conquerans , pour comble
des malheurs , chaupera ſi rudement contre
une *pierre*, qu'il en fera boiteux quelque
tems.

A voir de la façon qu'ils s'y prendront,
on diroit qu'ils vont emporter d'aſſaut le
Château qui tient en dépôt cette *Toiſon*.

Des Troupes ménées ſous les *Ecuſſons* ,
y fairont merveille comme des autres Fa-
langes.

Mais ils auront *extremement dur* à mordre. Ceux du *Château* ſe deffendront opi-
niatrement.

Cependant ce n'eſt pas ſans raiſon qu'ony

y craindra pour la *Couronne* & que le *Thrône* ne foit occupé d'une Puiffance étrangere. Ce jeune Conquerant favorifé dela fortune, fuivi de la Victoire, pouffera fa pointe vigoureufement. Tout le monde criera adieu Tolledo.

Ce que ce jeune Prince interpretant en fa faveur, comme s'il n'y avoit plus qu'à prendre, [*a*] pouffera jufqu'à Madrid pour faire bon le Proverbe.

La confternation fera grande. On verra *l'Aftre dominant* hors de fon *centre*, & le *point du milieu* devenu un des extrêmes.

La *bonne retraitte* fera abandonnée, on fongera à une plus affûrée.

Mantouë dans cette extremité fe trouvera bien embaraffée dans fon maintien. Ce que je puis en dire de meilleur, c'eft qu'elle ne fera point demantelée.

Mais *Valence* en vaudra d'avantage par une augufte prefence.

Des Volleurs entrez au *Jardin Hefperique*, n'augmenteront pas peu l'allarme.

Le *Lufitan* pouffé d'une foif enragée, pour fe defalterer, *tirera* à long-traits dans la *Couppe*.

On faira tout ce que l'on pourra pour chaffer le *jeune Coq* des *plus oultres*; mais il tiendra ferme comme fur une tour.

Le *Lion* attaqué jufques dans fa *taniere*, perdra du fang de tous côtez, mais enfin tout ce que j'en peux dire, ce qu'il fe deffendra en Lion.　　　B 3　　　Un

[*a*] Tolledo,

Un peuple remuant , faisant trop du petit maître & du remu-menage au goût de ses Voisins , ceux-cy n'étant pas d humeur de se laisser coyonner & de se voir traitter avec trop de hauteur, ils les rembarreront de la sorte , qu'on verra leur caquet bien rabaissé.

Le *Coq* dans ses vieux jours voulant faire trop d'efforts & s'élever trop haut , faira enfin un saut perilleux.

Son chant ayant étourdi tout le monde, des voisins le chasseront devant eux jusques son *fumier* aprés quoi ils voudront lui *couper rasibus* & le déplumer de ses plus belles plumes.

Les ravages, causées par l'orage , seront grandes & fatales aux biberons. Ruine des Vignes en Champagne.

Alors le *Soleil vagabond se couchera pour un long tems*.

Le *vaisseau* se trouvant en danger par la tourmente , tout l'*équipage* se trouvera bien embarrassé , ayant perdu son *Pilôte*.

Le jeune *Pilôte* qui luy succedera aura bien de la peine à *menager le Timon* pendant ce trouble. Il aura toutes les peines du monde à prendre la hauteur & le dessus du vent pendant ces terribles secousses. Le *vent de bise dominant* le rechassera avec violence. Il ne sçaura où il en sera ; mais la *pierre d'Aimant*, dont se servit d'ordinaire le *grand Pilôte Loüis* , faira enfin merveille. Aprés quoi la plus grande peur passée,

fée , on entendra avec plus de joye que jamais *ite felicibus ventis.*

Cependant les *Fantafques* pefchant en
eau trouble fairont encore bien des ravages & des cruautéz , & fairont plus peur
que jamais.

Aux Païs-bas , les plus au bas le feront
encore bien d'avantage , puifqu'ils fe verront à l'extremité.

Les *Chauves* y raferont fi prés les *non
Chauves* , qu'ils s'en fouviendront long-
tems.

Des peuples tirans aprés *l'oifeau* on verra leur *fléches* porter fi haut & avec tant
de force que depuis le Rhin ils perferont
jufqu'en Champagne.

Alors des *Lions* & des *Léopards* coureront fûs à un [a] *puiffant chaffeur* , qui
fera contraint de s'enfuir au pas précipité
& de fe cacher. Puis ils coureront plus d'u-
ne Province , mettant par tout la terreur.

Que fi un grand Roy cedera alors le pas
à une Reine , ce ne fera pas par honneur
aux Dames , quoique toûjours il a été fort
galand.

Une nouvelle Alteffe Royale ne fera
guerre Royale dans fon authorité ni à fon
aife , fe trouvant entre le marteau & l'enclume , quand le marteau d'aujourd'huy
fera comme l'enclume , & qu'on y frappe-
ra outre *mefure.*

Le changement meridional caufera un

B 4 change-

[a] Selon le terme de l'Ecriture ,

changement avantageux aux affaires d'un *Royaume d Orient*.

Un Prince hardi aproché enfin trop prés de la *Ligne* , on le verra bien tôt au midy de sa gloire & de son bonheur. Il trouvera qu'il y fait trop chaud pour luy, & se verra contraint de reculer tout étonné des furieux éclats *de foudre* & *de tonnere* de ce climat.

Ses ennemis profitans de son étonnement le poursuivront de prés. On verra plus d'un choc entre *l'étourdi* & [*a*] *le temeraire*. Beaucoup *du monde* y restera sur le *Pavé*.

Le prince à la Croix de Caravacque y y faira merveile.

Cette *double Croix* en causera encore à l'Empereur ; mais il y aura plus de peur que de mal. Bien-tôt il en sera delivré.

Ceux qui sont venus *d'au delà du Bois* seront contraints d'y repasser.

Un fameux Rebelle volera enfin dans la chandelle.

Les *fleurs de Lis* pour avoir causé mal à la tête à l'Empereur seront arrachées presque par tout son Empire. Tout le monde luy témoignant sa bienveillance par cette politique.

Les *Bains* dont il se servira fairont merveille,

[a] Les François dans la derniere guerre, disoient qu'ils n'avoient que trois ennemis ; un étourdi, un temeraire , & un intrepide,

veille , & le retabliront tellement , qu'il aura plus de vigueur que jamais.

Alors un Prince nommé Felitien le fera vraiment d'effet, puifque vers la fin de fes jours , il fe verra vainqueur de tous fes ennemis.

Aprés quoi un [*a*] *Croiffant* levant les cornes comme il faut on le verra d'une lueur extraordinaire.

Des Cantons voyans cantonné fi prés d'eux un puiffant voifin , l'ombrage qu'ils en prendront fera enfin fatal à ce Prince.

Une querelle d'Allemands commencée entre le *Po* & le *Plat*-pais fe chauffant de plus en plus, les Allemands de rechef fe faififfants du Po , les François n'abandonnant le Plat-pais , vous verrez beau jeu.

Le defordre y fera grand. Les Suiffes gardes ordinaires n'y pourront pas fuffir , tout le monde voulant en avoir. Ceux qui n'ont pas encore pris parti fe declareront alors , & l'on verra enfin un carnage auffi terrible que l'Italie en vit jamais.

Un Roy *titulaire* , loin de joindre l'effet au titre paiera cher fon inconftance.

Cependant toûjours fertillant il caufera bien des peines. Mais enfin on le verra comme la Souris dans l'attrape.

Les fiflemens du *Serpent* , fairont mal aux oreilles du *Roy des Indes.* Beaucoup du monde englouti.

Un démenti , donné à l'authorité d'un
grand

[*a*] Interpreté creffens,

grand Prince , coutera cher à Mantoüe.

Un *grand homme* menacé de le faire perir dans un Lac.

Le *fard* ayant couté cher aux Farnefes, à la fin ils feront obligez de paroître fans.

Une petite puiffance , qui comme une jeune mondaine ne confidere que le *prefent* (*a*) payera cher fon inconfideration pour l'avenir.

Le *Heros* d'armes qui l'a mis à l'amende pour s'être couverte d'un *Manteau* qui fût contre fon état , le lui faira payer d'autant plus cher qu'elle faira la retive.

Les *Pantalons* leveront enfin le mafque, & fairont une pantalonnade avec plufieurs Princes , qui ne plaira guerre au Sire pour le refpect du quel fe faira la dance.

Mais une allarme fubite venuë de vers la *Porte* leur caufera du rabajoye.

La Reine de ce bal , fameufe libertine, pour avoir regardée favorablement l'Allemand qui lui fait la cour , donnera martel tel en tête à fon rival. Mais cette imperieufe , s'en voyant choquée, foûtenuë de fon Allemand , lui dechargera plus d'un *cataplam* devant tout le monde.

Les *Hommes fans foy* , en auront d'avantage que leurs voifins.

Les *Montagnes fans vallées* , feront vifitées d'un Roy fans Royaume.

La *Superbe* fera menacée d'être humiliée , mais elle fe mocquera du Roy de

Ligu

(a) De prefenti gaudet Ecclefia.

Ligurie, comme de celui de *Chipre*.

Et fi en Ligurie on entendra du *Victo-rieux*, comme dans la Liturgie *flectamus genua*, on y entendra auffi bien-tôt *levate*.

La *Belle par excellence* paroiffant dans fa fleur plus que jamais, fe contentera de la *petite guerre*.

Le *Medecin* menageant fa fanté, évi-tera fagement de fe mettre en colere. Mais enfin s'il prendra tard parti, il témoignera d'autant plus de vigueur.

Il fournira des *Drogues* fort à propos aux *Chevaliers d'un Hôpital* qui en auront bien befoin.

Les terres d'un *grand Prêtre* ne feront enfin pas moins expofées aux ravages que celles de fes voifins. Cependant pour mon-trer bon exemple, il tiendra fa colere tant qu'il poura.

Ses trefors viendront bien à point dans un preffant befoin.

Des *Cuiraffiers* s'étant formé un parti confiderable, foûtenus d'une fougue de Bandits, fe mettront en pofture pour cou-cher *en jouë* à leurs ennemis, & les pre-cipiter du haut embas du *Montaigu*. Aprés quoi on les verra bien haut montez.

Le *Cheval*, furnommé le *Gentil*, pren-nant le mord aux dents, & s'étant cabré, épouvanté du *Bâton*, jettera prefque bas fon maître, en faifant plufieurs courbet-tes, & menaçant des terribles ruades : mais comme bon Ecuier, il fe tiendra ferme.   Ceux

Ceux de *Trinacrie* , ne voyant pas le parti assez bien établi pour eux , seront plus circonspects & ne s'enbarqueront point si temerairement : retenus d'ailleurs par un grand armement qui paroîtra au voisinage : Ce qui faira, que , les volontez n'étant pas unies au besoin , cette division sera fatale aux rémuans Voisins.

Les troubles s'augmentant, les plus foibles ne pouvant esperer grand secours, les Maltois payeront la maltotte.

La *Melite* pleine de milices , la valeur de la Valette sera mise à l'épreuve par un feu terrible , & il y aura lieu de douter , ce qui aura fait plus de resistence , ou la force de la Valette ou la Valeur.

D'un autre côté , les *Diettes* , loin de guerir la *maladie* au *pais des plaines* , ne fairont que l'empirer. Il faudra encore quelques seignées.

Une nouvelle Election , causera de nouveaux troubles.

Les allarmes dans un pais du *son du cor du chasse* , étourdiront encore bien du monde.

Un *puissant Chasseur* fatigué enfin à la poursuite d'une *Aigle blanche* , sans pouvoir attraper *l'oiseau* , tournera ses pas ailleurs à la chasse des *Lions* & d'une *Aigle noire.*

Alors une *triple Couronne* donnera un grand branle à la Balance, ce qui faira craindre le plus fort.

Le

(37)

Le *Baron de Rose* passé peu , trouvera de plus en plus dans son élevation , qu'il n'y a point de roses sans épines.

Les *Lions du Nort* donneront quelques coups de griffes; mais ils le payeront cher. Ils seront poursuivis vertement.

Les *Roy des Gots* , ayant le pied dans la *Porte d'un Cavalier du Nort* & poussant rudement , ce Cavalier se trouvera bien embarassé, attaqué en même tems du côté opposé par un ennemi encore plus puissant.

Le danger sera grand de ce côté. Il y attrapera des méchans coups : mais une glorieuse défense lui acquerera beaucoup d'honneur.

Les *Griffons* , jouëront diablement de leurs griffes contre les *Russes* : mais ils seront griffonnez à leur tour.

Un *grand Seigneur* , *fort renommé* , profitera des troubles tant qu'il pourra , pour se venger des affronts reçûs.

L'épouvante qu'il causera sur les frontieres sera grande.

La *grande Grece*, menacée d'une descente , la *belle Sicile* d'être enlevée : l'on craindra, non sans raison , pour la *feüille de plane* , qu'elle ne soit emportée par cét orage.

Mais les deux extremitez le payeront.

Cependant il n'aura pas grand sujet de rire; les affaires qu'on lui suscitera en Orient ne lui plairont guere.

Des *Barbares* frapperont rudement sur

un

un *rocher* , & ayant mis le pied dans la *Sandale* ils causeront bien de l'épouvante par leurs courses.

Plusieurs descentes inopinées : des Corsaires affronteront les Corses jusques chez eux : mais plusieurs le payeront au *Gibet*.

Des Mores, quoique depuis si long tems enterrez jusqu'aux dents vers le Detroit , montreront cependant qu'ils ne sont pas encore morts. Ils se leveront tout à coup avec grand bruit & coureront sus aux Chrêtiens. L'artifice & la perfidie des Chrêtiens même , fairont enfin ce que n'a pû faire la force.

Alors le *Char triumphal à trois Roües* , dans l'impetuosité de sa course , franchira le Detroit.

Le *Serif* , alteré d'une soif enragée , prendra sa route vers le *Jardin* d'une des *Hesperies* , la quelle se mettant en devoir de l'empécher de mordre dans une *Pomme d'or* , il la prendra par ses *cottes* & la *fessera* bravement.

Cependant la nouvelle du redoublement de vôtre *Maladie* étant venuë jusqu'aux Indes, plusieurs esprits mal intentionnez y profiteront de l'occasion, dans la pensée , que, par l'embarras qu'elle causera, ils en auront à tant meilleur marché.

Les *Bretons* & les *Bataves* y fairont trembler les plus braves : & faisant tout leur possible pour y brouiller les cartes , pécheront en eau trouble.

Le

Le Diable n'oubliera pas de souffler au feu, pour y causer un grand embrasement, & chasser par là du païs ceux qui lui ont causé tant de pertes.

Des Gouverneurs, soûs pretexte de prendre parti, croyant de faire leurs affaires, livreront bien des peines.

Des peuples du nouveau monde, témoigneront alors qu'ils ne sont pas si nouveaux dans les affaires du Cabinet & des Armes.

Fâchez d'être si long-tems comme abbatardis sous le joug étranger, ils voudront se signaler, & s'y exerceront avec quelque succés.

Le Seigneur de la Montagne de Suma, qui pour venir à la somme de ses pretentions, a si bien sçû faire ses affaires par le beau *Tour* qu'il y a donné, taira bien avoir d'arrieres pensées.

Il y aura lieu de croire, qu'il n'a pas été si loin pour y enfiler des perles, quand on verra ce beau *Tour* de sa main, suivi de quantité d'autres tours & detours, qui ne plairont gueie à l'Espagnol ; puisque ce sera pour lui attraper une des plus belles Perles de sa couronné.

Des peuples du Perou, fâchez d'être traittez de *Peros*, & d'être tenu si longtems en esclaves, eux qui sont tant partapartagez des biens, suivront le méchant exemple.

Ce qui donnant Martel en tête aux Espagnols,

nols , & les faifant revenir entierrement de leur affoupiffement , quand pour fur-croit d'affronts, on *leur chira du poivre* au Chili. Ils ne feront pas peu étourdis , fe voyant en rifque de perdre leur principales richeffes & leurs plus belles Provinces.

Pendant que d'un autre côté les *Francs* attaquez par des Efclaves & affaillis de tout côté en Orient , ne fçauront où fe donner de la tête.

Fin de la première Face.